AF481670

HELOÍSA BUARQUE DE HOLLANDA

A ROUPA DA RACHEL

CADERNOS
ULTRAMARES

ORGANIZAÇÃO E PROJETO GRÁFICO

Marcos Lacerda, Ana Paula Simonaci e Sergio Cohn

CONSELHO EDITORIAL

André Botelho

Bernardo Esteves

Boaventura de Souza Santos

Evelyn Goyannes Dill Orrico

Fréderic Vanderberghe

José Luis Garcia

Maria João Cantinho

Renato Rezende

Teresa Arijón

Vagner Amaro

ISBN 9786586962529

azougue press |

coordenação geral Sergio Cohn

coordenação editorial

Sergio Cohn — Darien Lamen — Cristián Jiménez Plaza

Brasil | CNPJ 12.272.339/0001-26

Portugal | Oca Editorial NF 515805394

USA | E. Id. 803650511

Chile | Tucán Ediciones RUT 77.369.106-1

A proposta dos Cadernos Ultramares é transpor fronteiras. Não apenas geográficas, com a edição de um amplo panorama do pensamento brasileiro para o público português, mas também entre as áreas do saber, criando uma coleção transdisciplinar, acessível não apenas para leitores especializado, pesquisadores e acadêmicos, como para interessados em geral.

Para isto, os Cadernos Ultramares privilegiam a leveza do ensaio, a "brigada ligeira", utilizando-se de um gênero marcado pela abertura e experimentação, uma forma privilegiada para a proposição e a apresentação de interpretações da cultura e da sociedade. Nos últimos anos, o gênero ensaio tem sido revalorizado como um importante meio de diálogo entre a pesquisa acadêmica e a sociedade.

O Brasil possui uma produção riquíssima de pensamento em diversas áreas, que vão da física à antropologia, da matemática às artes. Os Cadernos Ultramares, ao trazerem importantes textos de alguns dos nossos mais renomados pensadores, sejam clássicos ou contemporâneos, busca possibilitar ao leitor um olhar amplo e qualificado sobre essa produção.

Interessa-nos a constituição de um diálogo entre áreas, de uma conversa aberta que escape das armadilhas do pensamento especializado e do produtivismo acadêmico. Interessa, antes de tudo, a valorização do encontro do leitor com o sabor do texto, do prazer da leitura e da troca livre de pensamento.

apresentação

por ana paula simonaci

Neste julho de 2019, Heloísa Buarque de Hollanda completa 80 anos de inquieta e permanente intervenção na cultura brasileira. Uma das nossas pensadoras mais ativas e proeminentes, Heloísa tem pesquisado, refletido e participado de muitos dos principais acontecimentos culturais no Brasil dos últimos 50 anos.

Nascida em Ribeirão Preto-SP, em 26 de julho de 1939, Heloísa veio para o Rio de Janeiro, cidade onde até hoje reside, aos quatro anos de idade. Aos 17 anos, ingressou na Faculdade de Letras da PUC-RJ, graduando em Letras Clássicas e Vernáculas em 1961. Passou os dois anos seguintes como assistente de pesquisa no Instituto de Estudos da América Latina na Universidade de Harvard. Especializa-se em Teoria da Literatura, com orientação do importante crítico literário Afrânio Coutinho. Em 1965, vira professora colaboradora da Universidade do Brasil (hoje UFRJ) e de Estética do Cinema na PUC-RJ.

As duas áreas — literatura e cinema — acompanharão sua trajetória nas décadas seguintes, como pesquisadora e realizadora. Em cinema, dirigiu filmes sobre Raul Bopp, Joaquim Cardozo e Alceu Amoroso Lima, além do documentário *Xarabovalha!*, sobre o teatro independente dos anos 1970. Em literatura, soube unir rigor acadêmico com intervenção cultural, se tornando figura central na divulgação da Poesia Marginal dos anos 1970, através de ensaios e da publicação da antologia *26 Poetas Hoje* (1976), que reunia diversos dos poetas em torno da poesia independente da época, como Chacal, Ana Cristina César, Cacaso e Eudoro Augusto, além de autores surgidos na década anterior, como Roberto Piva, Capinam, Torquato Neto, Waly Salomão e Francisco Alvim.

Segundo a própria Heloísa, "a antologia foi a grande responsável por meu lançamento profissional como crítica literária. Na época, avaliava esta publicação como uma forma de divulgar, num circuito mais amplo, uma produção e um debate que encontravam certa resistência no meio acadêmico. Uma espécie de militância desajeitada e atrasada. Para meu espanto, a antologia teve uma repercussão inexplicável".

A antologia também marca o corpo-a-corpo que Heloísa desenvolveu com seus temas de pesquisa, um risco assumido da proximidade vital da pesquisadora com os seus objetos de análise. Tendo a coragem de trabalhar no calor da hora, o que "ainda promova dificuldades no sentido da falta de uma perspectiva histórica mais definida ou mesmo quanto à delimitação do objeto de análise, traz, em contrapartida, a possibilidade tentadora de uma atuação crítica no próprio desenrolar deste processo", Heloísa se mostrou uma importante antena de acontecimentos culturais. Como diz Zuenir Ventura, "A Helô é assim: a gente olha um mar à nossa frente e vê um oceano tranquilo, manso, uma calmaria. Aí ela diz para olharmos com mais atenção. Lá, naquele ponto, há uma onda se formando, uma onda que vai crescer. A gente não está vendo, mas ela já percebeu. E a onda vem".

Este traço está presente nas análises da cultura dos anos 1960-70, reunidas no brilhante livro *Impressões de Viagem - CPC, Vanguarda e Desbunde* (1980), como nas reflexões de gênero e no mergulho no universo da cultura das periferias dos grandes centros urbanos, as "quebradas", e da cultura digital. Espaços virtuais e atuais, como o Portal Literal, criado em 2002 como um portal de escritores, e a coleção Tramas Urbanas, que trazia um amplo apanhado da cultura periférica contemporânea, com autores como Marcus Faustini, Junior Perim e Alessandro Buzo. Em todos os casos, afetividade se mistura com rigor interventivo e ação com pensamento, colocando Heloísa como uma criadora de ambientes culturais abertos ao novo.

O trabalho de Heloísa na universidade também sempre foi propositivo. Criou centros de pesquisa como o CIEC (Centro Interdisciplinar de Estudos Culturais), em 1986, e o PACC (Programa Avançado de Cultura Contemporânea), em 1994, ambos na UFRJ, e tem uma atuação central como professora e orientadora, sendo referência para diversas gerações. A inquietação de Heloísa também se reflete no ambiente acadêmico, onde sempre tensionou os limites e abriu possibilidades temáticas e expressivas.

Nos últimos anos, Heloísa tem se voltado para o estudo de gênero, refletindo sobre a "nova onda feminista". Um tema que já perpassa sua obra nas últimas três décadas, mas que voltou para o centro da sua atenção e do debate atual. Em 1993, Heloísa já havia publicado *Ensaístas brasileiras – Mulheres que escreveram sobre literatura e artes de 1860 a 1991*, e em 1994, *Tendências e Impasses — O feminismo como crítica da cultura*, antologia seminal para o tema no Brasil. Agora, em 2018, publicou *Explosão Feminista. Arte, cultura, política e universidade*, uma reunião de ensaios refletindo sobre a impacto das ideias feministas em diferentes contextos, e em 2019 as antologias *Pensamento feminista brasileiro: formação e contexto* e *Pensamento feminista: conceitos fundamentais*.

*

É em torno do tema feminismo os três ensaios reunidos neste volume especial da Cadernos Ultramares, publicados originalmente no começo dos anos 1990: "A roupa da Rachel", "Feminismo em tempos pós-modernos" e "O Estranho Horizonte da Crítica Feminista No Brasil".

O primeiro ensaio foi escrito em 1992 e foca no caminho que construiu a jornada da escritora Rachel de Queiroz como primeira mulher a ter uma cadeira na Academia Brasileira de Letras. Como ressalta a autora, "não apenas os processos de construção desta trajetória que revela a fragilidade da ideia de espaço privado na formação da sociedade brasileira, mas, sobretudo, a elasticidade do poder privado e a rentabilidade de sua instrumentalização, no caso Rachel estratégica e exemplar, no imaginário social brasileiro".

Em "Feminismo em Tempos Pós-Modernos", de 1994, segundo ensaio deste volume, publica*do originalmente como apresentação da antologia Tendências e impasses*, a autora reúne textos que ilustram os caminhos e as perspectivas da crítica feminista da época. A autora já inicia o ensaio de forma contundente, levando as questões sobre quais caminhos e vieses que permitiram a emergência e consolidação do pensamento teórico feminista e comentando que é exatamente neste período, nas últimas décadas, que o pensamento feminista surge como novidade no campo acadêmico e como uma tendência teórica inovadora e de forte potencial crítico e político. A partir disto, se debruça com um olhar epistemológico sobre dois pólos conceituais que afirma que existem hoje, percebidos como divisores do campo da produção teórica feminista: o feminismo angloamericano e o feminismo francês.

Heloisa Buarque vai tratar de dois pontos chaves neste texto, que são compromissos desta tendência: A denúncia da ideologia patriarcal que permeia a crítica tradicional e determina a constituição do cânone da série literária, questionando a legitimidade do que é considerado literário ou não, e a problematização dos paradigmas de um essencialismo e de um universalismo que de certa forma determinam os critérios estéticos e as estratégias interpretativas da crítica literária tradicional. E, como segundo compromisso, o desenvolvimento de uma arqueologia literária que resgate os trabalhos das mulheres que de diversas formas foram silenciados ou excluídos da história da literatura.

A autora busca neste trabalho a recuperação de uma "identidade feminina" que aponte para as diversas formas de sua experiência, rejeitando termos como "sensibilidade contemplativa" ou "linguagem imaginativa", por exemplo, assim como as diversas formas como a biologia, a linguísticas e a psicanálise vêm definindo a especificidade da linguagem feminina.

O terceiro ensaio desta edição, "O estranho horizonte da crítica feminista no Brasil", foi escrito em 1993. Heloisa Buarque de Holanda traz um panorama fundamental sobre as teorias críticas feministas, discutindo um quadro global político e acadêmico, tecendo um fio da história deste terreno no Brasil, desde fatos históricos e políticos que moldaram esta trajetória, passando, por exemplo, por formações disciplinares, histórias das mentalidades e estudos pós-coloniais, onde destaca o pensamento feminista na segunda metade da década de 1970. Com discussões sobre como esse caminho se formou, a partir de dc núncias da lógica patriarcal nas relações de gênero, até uma perspectiva sutil e talvez mais radical, como na luta nos campos epistemológicos e nas formações discursivas, a autora faz uma análise primorosa, levantando tanto efervescências e avanços de debates, como também confinamentos e declínios da área, observando potencias políticos e epistemológicos, além de dialogar com textos de autoras e autores fundamentais para este pensamento teórico, construindo um texto riquíssimo para o leitor desbravar leituras diversas.

Os três ensaios são, desde sua publicação, objetos de conferências e estudos, em diferentes territórios geográficos, acadêmicos, artísticos e ativistas, sendo uma leitura fundamental e enriquecedora para o pensamento feminista brasileiro, além de ser um deleite pela narrativa com que a autora constrói sua linha de pensamentos.

a Roupa
Da Rachel
UM ESTUDO SEM IMPORTÂNCIA

O primeiro escrito de Rachel foi sintomático e definitivo. Tendo se mudado de Fortaleza para o sertão em janeiro de 1927, e já viciada em jornais, lê a notícia da eleição da nova Rainha dos Estudantes, a jornalista Suzana de Alencar Guimarães. Irritada com o estilo "feminino" e pseudo-lírico da Rainha (que se assinava Marqueza em suas crônicas), escreve para o diretor do jornal, ironizando o concurso — e a vencedora.

A carta, assinada sob pseudônimo, fez um enorme sucesso e provocou, na cidade, uma busca cerrada para desvendar quem seria Rita de Queluz. Mas, como nos filmes, uma pista fora deixada. Rachel é descoberta pelo carimbo Estação de Junco no selo da carta, e é imediatamente convidada a trabalhar no jornal O Ceará. Estava lançada a sorte de Rachel de Queiroz.

Aos 17 anos, já colaboradora do *O Ceará*, publica *História de um nome*, romance em folhetim, escreve a peça de teatro *Minha prima Nazaré*, participa em jornais literários e arrisca algumas poesias. Em 1929, escreve seu primeiro romance *O Quinze*, que repercutiu bem para além das fronteiras cearenses. Augusto Frederico Schmidt e Alceu Amoroso Lima, no Rio, e Artur Mota, em São Paulo, saúdam, com entusiasmo, sua estreia literária.

Rachel, assim, de uma feita, aos 20 anos, torna-se figura pública e nome nacional. Diariamente, recebia cartas, telegramas, pedidos de livros e retratos, em jornais e revistas, não mais a surpreendiam. Era assediada por intelectuais e artistas e, como prova de admiração, Luiz da Câmara Cascudo, durante uma viagem, fez um recital a bordo em homenagem à jovem escritora. "Era como se eu tivesse sido eleita Miss", conta, lembrando a repercussão de seu primeiro romance.

Mas, se a escritora não se admirou com esse rápido e fulgurante reconhecimento, não se pode dizer o mesmo de seus padrinhos literários. Em *Novidades Literárias* de 18/08/30, Schmidt que, como tudo indica, a "descobriu", explicita seu entusiasmo com a revelação de um grande escritor brasileiro, inteiramente desconhecido, mas admite abertamente "uma forte suspeita de que D. Rachel de Queiroz fosse apenas um nome escondendo outro nome".

A mesma dúvida foi confessada por Graciliano

Ramos quando escreveu sobre *Caminho de Pedras* alguns anos mais tarde. Diz ele: "*O Quinze* caiu de repente ali por meados de 30 e fez nos espiritos estragos maiores que o romance de José Américo, por ser livro de mulher e, o que realmente causava assombro, de mulher nova. Seria realmente de mulher? Não acreditei. Lido o volume e visto o retrato no jornal, balancei a cabeça: 'Não há ninguém com este nome. É pilhéria. Uma garota assim fazer romance! Deve ser pseudônimo de sujeito barbado."

Rachel, fleumática, não entrava no mérito das inquietações que sua obra estimulava nos corações masculinos. Em vez disso, enviava o romance para uma lista de cem críticos e escritores, entre êles, o então polêmico Graça Aranha em guerra aberta contra a Academia Brasileira de Letras.

Em março de 1931, o Prêmio Fundação Graça Aranha era conferido pela primeira vez e contemplava Murilo Mendes na categoria poesia, Cícero Dias na pintura e Rachel de Queiroz no romance. O romance passa, então, a ser disputado por vários editores para uma segunda edição. Rachel escolhe a Editora Nacional. Hoje *O Quinze*, escrito aos 19 anos, encontra-se na 49a. edição, lido por mais de 100 mil pessoas e é unanimemente considerado um clássico na história da literatura brasileira.

Sobre esse sucesso instantâneo, diz Rachel: "O livro explodiu mesmo. Mas foi muito bom porque eu sempre tive a cabeça no lugar, nunca me deixei levar muito por aquele barulho, era comunista e, no fundo, queria mesmo era destruir toda aquela sociedade, inclusive a Editora Nacional".

Quarenta e oito anos mais tarde, no dia 4 de novembro de 1977, Rachel de Queiroz, autora de cinco romances, duas peças, oito livros de crônicas, traduções em inglês, francês, alemão, polonês e japonês, 50 anos de colaboração regular na imprensa e tradutora de 47 livros, era recebida na Academia Brasileira de Letras por Adonias Filho para ocupar a cadeira número 5, fundada por Raimundo Correia.

Foi a primeira mulher a entrar na Academia e nunca se saberá verdadeiramente se a enorme festa nacional em torno desta posse dizia respeito à vitória definitiva das mulheres e à queda de um dos mais severos bastiões da cultura brasileira, ou se era apenas mais um feito "natural" e ocasional de Rachel de Queiroz.

Mas penso que se pode arriscar alguns palpites a respeito.

Entre os vários campos de observação que nos oferece o enigmático cruzamento da singularidade da carreira profissional de Rachel de Queiroz e dos históricos obstáculos ao reconhecimento profissional das mulheres, especialmente na primeira metade do século, escolho sua vitória contra o artigo 2 dos Estatutos da Academia Brasileira de Letras que, ao ser fundada, estabeleceu que "só poderão ser membros da ABL os brasileiros natos", sentença, cuja interpretação ortodoxa por parte dos acadêmicos, desafiou as regras mais elementares da concordância gramatical ao definir que a flexão masculino plural da palavra "brasileiros" não incluia o conjunto feminino (brasileiras) + masculino (brasileiros).

LA GRAMMAIRE A SON MYSTERE (UMA DIGRESSÃO NECESSÁRIA)

A polêmica em torno da presença da mulher na Academia Brasileira de Letras porém não constitui exatamente uma novidade. Sabe-se que, nas reuniões preparatórias para a criação da ABL, Lucio de Mendonça, reconhecido como o verdadeiro fundador da Academia, era partidário da presença feminina no rol dos acadêmicos. Além disso, o nome de D.Júlia Lopes de Almeida, na época uma romancista bastante respeitada e reconhecida, foi seriamente cogitado para figurar entre os fundadores da Casa. A seu lado, entre as conjeturas para a lista dos membros correspondentes, figurava também o nome de Francisca Júlia.

A ideia, entretanto, foi rejeitada pela maioria conservadora dos participantes das reuniões preliminares. No lugar de D. Julia, então primeira dama de nossa literatura, ficou seu marido Filinto, que fazia versos de mérito relativo e não era "brasileiro nato", mas que mostrou um certo senso crítico — e de humor — ao se auto-intitular, o acadêmico-consorte" (Josué Montello. *As Mulheres na Academia.* Jornal do Brasil, 5 ago 1976.)

Trinta anos depois de indeferida a sugestão do nome de Julia Lopes de Almeida, uma mulher de letras, a poeta Amélia Bevilacqua, esposa do acadêmico e jurista Clóvis Bevilaqua requereu inscrição nos quadros da Academia. Sendo a primeira vez que se apresentava a ABL uma candidatura feminina, o Presidente, por não se achar autorizado a interpretar o art 2 dos Estatutos, solicitou que a Academia, em plenário, tomassem uma posição sobre se "a palavra 'brasileiros' incluía ou não as escritoras brasileiras". O plenário foi contra.

Conduzia assim a ABL, o debate em torno do acesso feminino à imortalidade literária como uma questão prioritariamente gramatical, insensível aos argumentos enfáticos de Clovis Bevilacqua que invocava a responsabilidade da Academia, enquanto autora do Dicionário da Língua Portuguesa.

A escritora, ao contrário de D. Julia, resolve comprar uma vasta e pública discussão com a Academia cujo último ato foi a publicação do livro *A Academia Brasileira de Letras e Amélia Beviláqua*. Pelo conjunto do material apresentado no livro, uma reunião de depoimentos, artigos de jornal e textos da autora em defesa própria, pode-se perceber a alta voltagem da tertúlia político-gramatical travada na ABL em função das aspirações e provocações de D. Amélia.

O debate que definiu a "Ineligibilidade de Senhoras para a Academia Brazileira", conforme publicação na *Revista da Academia Brasileira de Letras*, de agosto de 1930, invocou até a jurisprudência da Academia fundada pelo Sr. Mussolini, oscilando entre uma vizível misoginia — e um certo pânico, sugerido na oração final do Sr. Constâncio Alves: "Não permitais que a Discórdia reedite, nesta casa, o que fez com o desgraçado Paris. Tenhamos a prudência de Rosny. Admiremos, como é justo, todas as mulheres de letras, mas não votemos em nenhuma. Ah! non, pas ça". Menos galante e mais pragmático, Carlos de Laet, algum tempo depois, argumenta: "devia-se deixá-las entrar porque já traziam consigo as cadeiras".

Ainda que o debate sobre a ruidosa candidatura de Amélia Bevilacqua tenha terminado com enquadramento explicitamente político e anti-feminista, sintonizando-se, de forma inevitável, com as lutas pelo direito ao voto feminino, um detalhe chama a atenção: a ansiedade manifesta dos acadêmicos, com um outro problema não menos gramatical: qual seria a flexão feminina do masculino fardão? Um problema que, como veremos adiante, será resolvido por Rachel de Queiroz.

No *Diário de Notícias*, perguntava Olegário Mariano, dessassombrado com uma possível vitória de D. Amélia: "Que vestimenta arranjaremos para ella? O hábito de freira, o kimono japonez?"

Em 29 de abril de 1976, Oswaldo Orico, mobilizado pela campanha de Dinah Silveira de Queiroz, consegue aprovar a proposta de reforma do regimento interno da instituição. Havia caído, finalmente, um tabu de 80 anos. As portas da Academia abriam-se para as escritoras. Dinah, que afirmava estar lutando pela entrada das mulheres na ABL e não especificamente pela sua, encampa a candidatura de Rachel de Queiroz.

A ROUPA DA RACHEL

No ano seguinte, em julho de 1977, Rachel envia à ABL carta na qual se candidata a uma vaga aberta para a cadeira número 5. Em 5 de agosto, é eleita, no primeiro escrutínio, com 23 votos. Seu concorrente, Pontes Miranda, obteve 15 pontos.

Eleita Rachel de Queiroz e aparentemente resolvido o debate gramatical em torno do ingresso feminino na ABL, uma antiga pendência continua a alimentar ansiedades atávicas no Petit Trianon: Que roupa usaria Rachel para compatibilizar-se com a simbologia heróica expressa pela espada e os louros do fardão dos imortais? O Presidente Austregésilo de Athaíde confirma a relevância do problema, em declaração aos jornais: "A presença de uma mulher em nossas sessões não muda nada. A única coisa que vai mudar é o fardão".

Foi assim que a Casa de Machado de Assis tornou-se o palco de um dos mais estranhos debates deste final dos anos 70, com todos os lapsos e atos falhos a que a psicologia impressa nos permitiu.

O chá das 5 reverte-se numa arena da moda. Na procura da roupa da Rachel, discussões acaloradas acompanhavam o passar de rendigotes trespassados, tailleur com alamares e dragonas, desfiles de Guilherme Guimarães, da butique Mônaco e de Silvia Souza Dantas, deliciando os acadêmicos.

A imprensa registrava, ligadíssima, o desenrolar dos trabalhos. Nas dezenas de matérias que povoaram os jornais (com a forte presença das sessões de cartas de leitores) sobre a roupa que usaria Rachel, fica claro que os acadêmicos se outorgavam o poder total na decisão. "No último chá das cinco dos imortais, Pedro Calmon, notoriamente contrário à admissão de mulheres, numa proposta identificada como revanchismo, pediu que a Academia mandasse desenhar alguns figurinos para que todos os acadêmicos escolham o modelo que Rachel deverá usar." Noticia *O Liberal*, Belém, 6 de setembro de 1977).

Enquanto isso, Rachel era metralhada por palpites: em pauta estavam boleros de toureiro, dragonas, alamares, e até mesmo opas de acompanhar procissão foram idealizadas por alguns acadêmicos da Irmandade do Outeiro. Uma festa para Freud e Lacan. Constrangida, Rachel de Queiroz declara para *O Globo*,em 9 de outubro de 1977: "Estão fazendo muita onda com essa história da minha roupa. Meus vestidos são todos chemisier, todos absolutamente do mesmo feitio: eu não me visto, eu me cubro". Ainda segundo a imprensa, a escritora acabou decidindo sozinha e fazendo ouvido de mercador às sugestões de boleros — pouco práticos — ou opas — um tanto litúrgicas — colocando como única exigência para a concepção do fardão feminino, a de ser caracterizado pela sobriedade. Preferindo não dizer o nome dos acadêmicos que deram palpites e ideias sobre seu figurino, explica a opção pela sobriedade como uma opcão feminina "natural", na medida em que "todas as fêmeas da espécie animal são menos ornamentadas que os machos. De maneira que segui a regra" (*Jornal do Brasil*, 4 de novembro de 1977).

A versão final e aprovada foi a de Silvia Souza Dantas, segundo a estilista "uma veste simples como Rachel, na côr verde acadêmico, longo, reto, decote em V e mangas boca de sino. Do fardão, restaram somente as folhas de carvalho bordadas em fio dourado. O Correio Braziliense de 4 de setembro de 77, informa ainda que o longo de Rachel consumiu 13 metros de crepe e 3 metros de lingerie e que seu colar, presenteado pelo Governo do Ceará, será de ouro maciço, portanto fungindo à regra dos colares masculinos, todos em prata dourada". Essa possível vantagem foi corrigida, entretanto, pelo custo de seu vestido de gala. Como observa Ibrahin Sued em *O Globo* de 23 de outubro de 1977, "as mulheres já estão dando lucro à Academia, pois um fardão custa 60 mil cruzeiros e o vestido saiu por apenas 11. De leve".

Um ponto, entretanto, gerou consenso. "A espada que simboliza fidelidade à instituição será dispensada."

A POSSE

Finalmente, em 4 de novembro de 1977, Rachel de Queiroz, com um vestido contido, elegante e discreto, à revelia dos gostos acadêmicos, toma posse na Academia Brasileira de Letras. Conforme noticiou o Jornal do Brasil, desde as 7 horas da manhã, Rachel é invadida por telefonemas, visitas e curiosos, tendo que se esconder na casa de sua irmã, Maria Luiza. O presidente da ABL, por sua vez, garante à imprensa que "a solenidade de posse da primeira mulher a pertencer ao quadro efetivo da instituição seguirá hoje, às 21 horas, o seu "ritual uniforme e imutável" e que não serão permitidos discursos laudatórios de poetisas".

Pela primeira vez em 80 anos, uma cerimônia de posse ganhava um ar de manifestação popular. "A escola de samba Portela quer homenagear a primeira mulher a entrar na ABL, mas barrada pelo presidente Austregésilo de Athaíde, que alegou ser a cerimônia formal e, portanto, incompatível com a presença carnavalesca da escola, prontificou-se a prestar a homenagem do lado de fora da Academia, em plena Avenida Presidente Wilson", noticiou a coluna do Zózimo do dia 15 de setembro de 1977.

O futebol, naqueles idos do "Brasil: ame-o ou deixe-o", um esporte de importância singular, também esteve na pauta das comemorações. O *Jornal dos Sports* de 21 de setembro lembrou a seus leitores que "antes de ser imortal e ascender à Academia, Rachel, grande torcedora do Vasco da Gama, havia sido sagrada Cardeal do time por Nelson Rodrigues e admitida entre os pontífices vascaínos". O Vasco da Gama, inclusive, tentou oferecer à Rachel, a indumentária para posse.

Deputados, senadores, prefeitos e vereadores homenagearam a escritora. Mauro Benevides, senador cearense pelo extinto MDB, fez um relato de sua vida e obra no Congresso Nacional. Intervenções dos senadores Franco Montoro (SP), e Magalhães Pinto (MG) entre outros, complementaram a homenagem. Na sessão do Senado, de 7 de novembro, o vice-líder do Governo, Ruy Santos (Arena-BA) também fez discurso sobre a posse de Rachel celebrando sua vitória como "marco civilizatório do pais"

Do samba ao futebol, passando pelos políticos, a festa de Rachel ganhou um tom de conquista nacional. No dia seguinte à posse, o jornal *Última Hora* estampava a manchete: "Posse de Rachel vira comício e o público derrota protocolo". Nem as próprias feministas mostraram-se excluídas ou aborrecidas quando, na época, a nova acadêmica falou mal do movimento feminista. "Estavam todos muitos contentes porque era a primeira mulher a ir para Academia. Não houve polêmica", lembra Rachel.

O fato é o que "estilo Rachel" associado à sua incontestável proeminência nas letras nacionais, no momento em que os Estatutos declaram que mulheres seriam elegíveis para a ABL, foi de extrema adequação para o amaciamento desse difícil rito de passagem.

Como Rachel, a primeira mulher a ingressar na Academia, depois de ter decifrado o enigma do fardão, terá traduzido para o feminino um ritual de traços claramente patrilineares como o da transmissão do patrimônio cultural acadêmico?

É bom lembrar que a conquista e ocupação de uma cadeira acadêmica não se faz com facilidade. A cerimônia da posse, bem como a praxe dos procedimentos que a antecede, exige do candidato um longo e litúrgico caminho de "iniciação", feito de provas de humildade, virtude e merecimento pessoal. Se bem sucedido, o futuro acadêmico está habilitado a ser recebido na Casa, como legítimo herdeiro da linhagem e da tradição, das quais, a partir de então, torna-se guardião e transmissor. Vejamos, portanto, como Rachel colocou-se neste ritual complexo e eminentemente masculino.

Na primeira sessão depois da morte de um acadêmico, o Presidente da Academia declara formalmente que está vaga a cadeira x e abertas, durante 90 dias, as inscrições para novos pretendentes. No prazo de 120 dias, processam-se as eleições.

O ingresso na Casa deve também, como nos rituais de aliança, ser precedido de um pedido oficial do candidato. O candidato está pronto para iniciar a penosa trajetória das "visitas" a seus futuros colegas levando livros de sua autoria, presentes, iguarias, flores e, obviamente, um pedido de voto.

Rachel, após a entrega da carta de inscrição ao Presidente, viaja para o sertão, de onde só volta no momento da eleição, esquivando-se assim da "prova" das visitas, ou seja, do requerido exercício de humildade e submissão a seus pares.

Uma vez eleito o candidato, é marcada a cerimônia durante a qual será recebido por seus novos pares, deverá ler o tradicional discurso de posse que deverá promover elogio aos predecesores e assinar, com a pena de ouro de Machado de Assis o livro da Academia e receber o diploma, o colar, e a espada, perfazendo assim o ritual da sagração acadêmica.

O impulso genealógico que o ritual de posse explicita, não é, entretanto, uma criação das academias literárias. Na historiografia e na crítica literária é rotineira   a preocupação com o estabelecimento de linhagens, com o exame exaustivo das "influências" nos textos, nas obras e na constituição das escolas literárias, com a identificação dos "fundadores" da literatura nacional. Pode-se dizer mesmo que a história da literatura é construída como um sistema de parentesco patriarcal ou seja, dentro de uma lógica patrilinear baseada na transmissão da propriedade e do patrimônio.

A Academia Brasileira de Letras, criada com a função básica de proteger e preservar o patrimônio linguístico e literário nacionais e sendo o órgão mais alto da consagração e da legislação literária, não escapa a essa regra. Cada cadeira, ao ser "ocupada" por um novo acadêmico, exige a recomposição e a reconstituição do traçado genealógico que a define. A ritualização da posse de um novo acadêmico, seja através do discurso no qual o aspirante deve refazer a linhagem de seus antecessores, provando-se assim "herdeiro legítimo" deste "tronco" ou "lugar" na literatura, seja através do mis-en-scene da "recepção" por um acadêmico já imortal, explicita um pouco mais o sistema que informa os processos da legitimação literária. Nesta lógica, a exclusão das mulheres não parece ter sido apenas um problema gramatical ou de figurino.

A TRANSMISSÃO DO PATRIMÔNIO OU O DISCURSO DE PRAXE

Rachel tinha pela frente a tarefa inédita — bastante similar à da tradução do fardão para o feminino — de adaptar ou, no mínimo, sutilizar a solene transmissão patriarcal do patrimônio literário nacional. Como transporia o discurso heróico acadêmico para a sintaxe específica do sexo frágil? A linhagem da cadeira n° 5 era formada por Bernardo Guimarães (patrono), Raimundo Corrêa (fundador), Oswaldo Cruz, Aloysio de Castro e Cândido Mota Filho. Agora seria de Rachel. Como pedir adequadamente a licença ritual, mas necessária, e sentar-se confortavelmente neste espaço ocupado, desde 1897, por expoentes e fundadores da cultura nacional, usando um traje longo, com decote em V, saltos altos e sem nenhuma espada?

Rachel abre seu discurso apresentando, ao solene plenário, uma menina-moça procurando a lua com os olhos, no oitão branco da velha casa de fazenda. A partir daí, reconstrói seu primeiro contato com Raimundo Corrêa, patrono da cadeira que em alguns minutos seria sua. "A menina assesta na lua, diretamente no disco da lua, os seus olhos que já são míopes. E, de olhos fitos na lua, silenciosamente, mal movendo os lábios, vai murmurando para si uma reza, uma encantação — um poema? (Plenilúnio/recita) Já reconhecestes na encantação rezada pela moça o poema inesquecível. E na adolescente que se tenta fazer bruxa daquele culto lunar, permiti que vos apresente a velha senhora de hoje, tentando desvendar os seus laços antigos com o poema e com o altíssimo poeta". Pouco adiante, revela que o poema encontrava-se "num volume já gasto por outra geração de moças" — suas tias. Rachel havia conseguido, na mais clássica estratégia do desempenho feminino, enfeitiçar a audiência e recuperar, nas primeiras linhas de seu discurso, uma linhagem, diversa daquela da cadeira nº 5, mas que igualmente interviu e conformou a literatura brasileira: as mulheres como leitoras ou mesmo como aquelas que ensinaram e estimularam a leitura. Num mesmo gesto, resgata a linhagem feminina de sua formação literária e, para usar uma palavra da moda, "privatiza" a figura fundadora de Raimundo Corrêa, que, torna-se simplesmente seu "misterioso, louco poeta particular".

Já com o patrono da cadeira, o poeta Bernardo Guimarães, Rachel, de maneira provavelmente inédita na Casa, aproxima-se com restrições e rejeita os laços de parentesco que, pelas normas da casa, deveria estar estreitanto. Inclusive, interpela Raimundo por ter escolhido, como patrono de sua cadeira, Bernardo Guimarães. Rachel, arriscando sua primeira insubmissão acadêmica, denuncia o patrono que "não ousou enfrentar os tabus da época; que fazia restrições racistas, adversário da escravidão", e termina criticando violentamente seu mais famoso romance, o *Escrava Isaura*.

Quanto a Oswaldo Cruz, o terceiro elo da genealogia da complexa cadeira, Rachel observa que entrou, não como escritor, "mas dentro de uma categoria muito rara — na especialíssima categoria de herói", categoria que mal ou bem se mostrava, ao vivo, nos louros, no brilho e nas espadas dos 39 acadêmicos que ali se distribuiam, de fato ou virtualmente. Classificando — em Dr. Oswaldo Cruz na categoria dos "heróis angélicos", passa a descrever, cinematograficamente, a aventura e as glórias de sua luta contra a peste, a ignorância, a malária do Amazonas, a febre amarela no Pará.

Quanto ao elogio de Aloysio de Castro, o terceiro ocupante da cadeira de Bernardo Guimarães, Rachel, como no caso de Raimundo Corrêa, traz, não o elogio canônico de seu antecessor, mas um flash de sua ligação pessoal com o acadêmico. Descreve não mais o poeta particular, príncipe de seus sonhos de menina-moça, nem o herói-valente em guerra contra a morte, mas, como já era a hora, um galante cavalheiro que emerge preenchendo o espaço grave da cerimônia."Apanhado de improviso, o mestre nos recebeu, no seu salão, sentado ao piano, vestido num robe de cetim cor de vinho. E quis saber quem eu era, sorriu satisfeito ao se inteirar do meu ofício, e começou a tocar um pouco, para me pôr à vontade, creio. Foi tudo extremamente gentil e, para mim inesquecível: o piano de cauda, sobre o qual havia retratos em moldura de prata, o salão em penumbra e o amável cavalheiro dedilhando delicadamente o prelúdio de Chopin".

Cândido Mota Filho, até aquele momento detentor da cadeira que seria a sua, ao contrário dos outros, mereceu, por parte da quase imortal, minuciosa e objetiva avaliação tanto de seu valor intelectual, político e social quanto de suas atividades como advogado, jornalista, político, professor e homem de letras. Estava construída, sólidamente e dentro do melhor padrão oficial da Academia, a legitimidade da estirpe de seu predecessor. Era chegada a hora de Rachel inserir-se como o último elo da cadeia linear que simboliza a tradição da cadeira número 5 e enfim receber, como herança legítima, o patrimônio que esta ilustre linhagem representa. Ao cerrar das cortinas, uma surpresa: absolutamente desinteressada do valor histórico e literário da obra de Cândido Mota Filho que tão respeitosamente louvara, a primeira acadêmica da longa história da Academia Brasileira de Letras, traz a audiência de volta para uma tarde ensolarada no aterro do Flamengo. Em cena, a escritora e o Ministro conversam sobre assuntos de família. Descreve Motta Filho, falando, com prudência e possível insegurança, de seu encanto pelo Nelson, o Nelsinho Motta, seu neto, cuja queda irresístivel pela música popular, poderia desgostar as prováveis preferências da famosa literata. Rachel, selando uma cumplicidade afetuosa entre avós, revela seu encanto pelo rebelde descendente do último ocupante da cadeira de Bernardo Guimarães. O *grand finale* de seu discurso de posse, subestima, enfaticamente, os louros da genealogia literária e termina em família, discutindo "doce e consoladamente" o espaço privado através do qual penetra, com a habitual naturalidade, no espaço público da consagração literária.

Um *post scriptum* aparentemente sem importância: Apesar da atmosfera de comoção nacional que a posse de Rachel mobilizou, o discurso com que foi recebida por Adonias Filho, não menciona NEM UMA VEZ o fato histórico da eleição de Rachel de Queiroz enquanto a primeira mulher a ingressar na Academia Brasileira de Letras.

FAMA FÁCIL?

Retomo agora o problema a que me propus no início destas observações: a singularidade da fulminante carreira de Rachel de Queiroz frente aos tradicionais obstáculos ao reconhecimento do trabalho feminino.

Rachel sempre conviveu "naturalmente" com o poder. Aos 20 anos, foi considerada uma escritora definitiva. Ocupou um espaço expressivo e contínuo na imprensa nacional. Transitou desde muito jovem, e continua transitando — aparentemente sem nenhum constrangimento ou restrição —, nos círculos mais influentes e poderosos de nossa elite intelectual. Filiou-se ao Partido Comunista, e em 1937, foi presa em Fortaleza. Teve acesso e influiu na política brasileira, foi convidada por Jânio Quadros para ser Ministra da Educação, foi representante do Brasil junto à ONU, foi membro fundador do Conselho Nacional de Cultura. Foi, como vimos, a primeira mulher a ingressar na Academia em meio a uma festa nacional.

Em resumo, um caso notável de "exceção" no quadro quase exclusivamente masculino da história da literatura. A perturbação de seus primeiros críticos em relação a *O Quinze* é eloquente neste sentido.

Esse caráter de excepcionalidade, relativamente comum no modernismo internacional, entretanto, não parecia ainda suficiente para explicar o caso Rachel.

As intelectuais e artistas modernistas que se sobressaíam, especialmente nas décadas de 1920 e 1930, como Virginia Woolf, Gertrud Stein ou mesmo Tarsila do Amaral, no Brasil, afirmavam-se através de costumes e princípios radicalmente transgressores, confrontavam valores burgueses vistos como retrógrados, aliavam-se às lutas feministas e à uma estética experimental e iconoclasta. A conquista do novo espaço público que pouco a pouco ia-se abrindo para as mulheres, era feita de forma traumática e pagava o alto preço da competição e do confronto com as normas vigentes. Rachel, por sua vez, não parecia identificada nem com o feminismo, nem com a conquista do poder político ou literário, nem com as vanguardas ou, nem mesmo, como várias vezes afirmou, com o próprio modernismo. Desde o lançamento de *O Quinze*, evidenciou um trânsito extremamente à vontade entre o espaço particular e o espaço público, entre sua vida cotidiana, a literatura e a política. Se surpreendeu e mesmo chocou a crítica pela qualidade literária que demonstrou, sua trajetória intelectual não parece ter trazido nenhum desconforto especial aos companheiros masculinos. Uma das provas mais evidentes neste sentido, para manter-me no caso de sua entrada na ABL, foi a recepção consensual da "naturalidade" de sua eleição como a primeira mulher a integrar os quadros da defensiva Academia.

É importante lembrar que Rachel, inicia sua vida profissional, por volta de 1930, um momento bastante delicado, quando a institucionalização dos espaços permitidos (ou não) para as mulheres, começa a ser delineada.

Que metáforas teriam sido necessárias, neste momento, para viabilizar a penetração e a participação femininas na vida pública? De que artifícios lançaram mão as mulheres para a definição de sua individualidade? O que há por trás da imagem, quase invariavelmente conservadora, das poucas mulheres que conseguiram não apenas manifestar-se na cultura de forma atuante mas ainda serem aceitas pela sociedade deste período?

Rachel talvez possa nos dar algumas pistas.

Não é difícil encontrar depoimentos como esse publicado na ocasião de sua posse: "Não gosto de escrever. Escrevo para ganhar dinheiro. Se pudesse nem assinava o nome. A verdade é que não sou romancista, sou boa dona de casa, melhor cozinheira do que escritora." Ou como a altissonante declaração à Marisa Raja Gabaglia que tornou-se manchete de uma conhecida revista carioca: "Minha maternidade é inesgotável". Imagem que inegavelmente "pegou" e que vai torna-se o *leitmotif* do volume comemorativo dos seus 80 anos, *Raízes e flores*, editado pela José Olympio. Diz, por exemplo, na página 124, Otto Lara Resende: "Ouso dizer que ela se administra mal, ou nem ao menos se administra, no sentido de levar a sério o talento que tem e de tratar de profissionalizá-lo (...) Rachel não se deixa impressionar pela imagem que de si projeta. A naturalidade nela vai ao ponto de parecer descuido, como se zombasse do que se convencionou chamar de glória literária. Tendo feito o que fez, vê com uma ponta de desdem tudo o que fez. Às vezes me passa pela cabeça que ela nem desconfia que é Rachel de Queiroz".

Mas tanto ela desconfia que, feminista a seu modo, além de um rigoroso trabalho literário, soube construir uma trajetória pessoal e profissional impar. O que parece estar em jogo aqui - e é o que precisamente fascina num estudo sobre Rachel de Queiroz — são não apenas os processos de construção desta trajetória que revela a fragilidade da ideia de espaço privado na formação da sociedade brasileira, mas, sobretudo, a elasticidade do poder privado e a rentabilidade de sua instrumentalização, no caso Rachel, estratégica e exemplar, no imaginário social brasileiro. É a este ponto, tão delicado quanto estrutural da dinâmica das nossas relações de poder, que pretendo dedicar minhas ansiedades feministas nos próximos anos. De qualquer forma, creio já posso intuir que foi mais ou menos assim, que Rachel de Queiroz, em 4 de novembro de 1977, abrindo mão da espada acadêmica, mas nunca de seu atávico *know how* de Brasil, vestiu um fardão verde, longo, com decote em V e bordados dourados e franqueou às mulheres as portas do reconhecimento literário oficial.

FEMINISMO EM TEMPOS PÓS-MODERNOS

Quais teriam sido os caminhos e os vieses que permitiram a emergência e a consolidação do pensamento teórico feminista num quadro epistemológico marcado fundamentalmente por crises, instabilidades e pela evidência do progressivo desprestígio das narrativas mestras que vinham consolidando e legitimando os projetos sociais, econômicos, religiosos e políticos e da modernidade?

Ainda que o feminismo como ideologia política possa ser identificado desde o século XIX, é nestas duas últimas décadas, exatamente num momento em que se fala, de forma categórica, sobre o "fim da ideologia" e sobre a ineficácia dos discursos contestatórios, que o pensamento feminista surge como novidade no campo acadêmico e impõe-se como uma tendência teórica inovadora e de forte potencial crítico e político.

É ainda curioso notar que este reconhecimento se dá em meio ao polêmico prestígio do pluralismo neoliberal em que as reivindicações tradicionais do trabalho feminista teriam se desqualificado como totalmente anacrônicas. Ao contrário da desqualificação, o que se vê é um interesse crescente em relação às teorias feministas e a identificação recorrente de uma "insistente presença da voz feminista" como um dos traços mais salientes da cultura pós-moderna[1].

Edward Said, num trabalho pioneiro intitulado *Orientalismo*,[2] ao examinar a forma como são constituídos, na perspectiva ocidental, os discursos e as interpretações sobre o Oriente, reconhece explicitamente que está lidando com questões idênticas àquelas propostas pelas tendências atuais dos estudos feministas. Segundo Said, os estudos feministas, assim como os estudos étnicos ou anti-imperialistas, promovem um deslocamento radical de perspectiva ao assumirem como ponto de partida de suas análises o direito dos grupos marginalizados de falar e representar-se nos domínios políticos e intelectuais que normalmente os excluem, usurpam suas funções de significação e representação e falseiam suas realidades históricas.

1 A respeito ver Craig Owens, "The discourse of others: feminists and postmodernists" in Hal Foster. *The anti-aesthetic — essays on postmodern culture*. Washington, Bay Press, 1983, Andreas Huyssen, "Mapping the post-modern". New German Critique, nº 33, vol. It, outono 1984.
2 Edward Said. *Orientalismo*. São Paulo, Companhia das Letras, 1990.

O próprio Lyotard, contraditório defensor da condição pósmoderna, apesar de irônico e, de certa forma, desastrado ao qualificar as mulheres, não deixa de reconhecer que

> *movediças* (o grifo é meu) como Eubulibes e como as realidades, as mulheres estão descobrindo uma coisa que pode causar uma incrível revolução no Ocidente, alguma coisa que a dominação (masculina) nunca abriu mão de ocultar: a ausência do significante, ou seja, a classe que se estabelece sobre todas as classes é apenas uma entre muitas, ou ainda nós, ocidentais, devemos retrabalhar nosso espaço-tempo e nossa lógica na base de uma não-centralidade, não-finalidade, não-verdade.[3]

Na realidade, a crítica da cultura feminista adquire importância num contexto bastante específico.

A partir da década de 1970, começa a se evidenciar o debate, hoje irreversível nos meios políticos e acadêmicos, em torno da questão da "alteridade". No

3 Jean-François Lyotard. "One of the Things at Stake in Women's Struggles" *SubStance*, nº 28, 1978.

plano político e social, esse debate ganha terreno a partir dos movimentos anticoloniais, étnicos, raciais, de mulheres, de homossexuais e ecológicos que se consolidam como novas forças políticas emergentes. No plano acadêmico, filósofos franceses pós-estruturalistas como Foucault, Deleuze, Barthes, Derrida e Kristeva intensificam a discussão sobre a crise e o descentramento da noção de sujeito, introduzindo, como temas centrais do debate acadêmico, as ideias de marginalidade, alteridade e diferença. Podemos dizer mesmo que, nos últimos anos, é inegável no quadro da reflexão teórica das ciências sociais e humanas a evidência de uma progressiva e sistemática desconfiança em relação a qualquer discurso totalizante e a um certo tipo de monopólio cultural dos valores e instituições ocidentais modernas.

Entre os "anti-humanistas" de tradição francesa, o autor que mais equacionou a preocupação da questão da mulher enquanto o "outro", na metafísica ocidental, foi Jacques Derrida. Em vários trabalhos e, sobretudo, na sua *Gramatologia*, estabelece como eixo dessa metafísica o fonocentrismo — o reinado do sujeito ou o primado da voz-consciência —, o logocentrismo — o primado da palavra como lei — e o falocentrismo — o primado do falo como árbitro da identidade. Preocupações semelhantes expressam-se no pensamento de

Foucault, que exerceu influência sensível em grande parte da produção teórica feminista no que diz respeito à crítica das teorias clássicas relativas aos conceitos de representação e de poder.

Não seria difícil pensar nas aproximações entre a problematização pós-estruturalista dos sistemas de representação — em si mesmos atos de divisão e exclusão — e o compromisso feminista em expor criticamente o sistema de poder que legitima certas representações em detrimento de outras. Entretanto, certas diferenças significativas entre as duas formas de análise não devem ser minimizadas. O que distingue e distancia, de forma definitiva, as teorias feministas do pensamento pós-estruturalista é o compromisso feminista com a articulação da crítica da hegemonia do idêntico e da legitimidade dos sentidos absolutos e universais com os processos históricos de construção e representação da categoria "mulher". O pensamento feminista de ponta é marcado pela exigência de uma abordagem teórica e metodológica em que a questão da mulher, como todas as questões de sentido, seja, de forma sistemática, particularizada, especificada e localizada historicamente, opondo-se a toda e qualquer perspectiva essencialista ou ontológica.

É interessante observar como, apesar do reconhecimento explícito da importância política e epistemológica das teorias críticas feministas, o pensamento acadêmico pós-estruturalista, numa sutil e questionável apropriação destas teorias, investe na ideia da existência de um sujeito difuso e descentrado, muitas vezes nomeado "feminino". O problema que se coloca aqui é que, por meio de uma possível reuniversalização da subjetividade feminina, a eficácia discursiva e teórica do feminismo e sua recusa de base às perspectivas essencialistas terminam por serem comprometidas.

Na mesma pista, o feminismo vem sendo considerado, no cenário pós-moderno de descrédito das ideologias, como uma das alternativas mais exemplares e concretas para a prática política e para as estratégias de defesa da cidadania. O risco que se corre com a recente valorização da saída política que o feminismo oferece é o de avalizar uma certa tendência destes discursos — bastante similar à reflexão pós-estruturalista — que reincide na identificação do "feminino" como o discurso do "outro", como o "locus do pânico" no apontar do ano 2000.

Entre os dois discursos também se colocam importantes distinções. Enquanto as políticas e as teorias pós-modernas trabalham com as ideias da possibilidade do fim da história, do social e do político, a crítica feminista insiste, contrariamente, na articulação de suas questões com as determinações históricas e políticas. Se os primeiros falam de uma crise da representação e da morte do social, o segundo fala exatamente da necessidade de uma luta pela significação. Mesmo não sendo excludentes, os dois discursos apontam com clareza para diferentes campos de contestação.[4]

E ainda o debate sobre o pós-moderno que coloca a ideia do surgimento de um pluralismo, subsidiário das ideologias neoliberais e da economia de mercado, em que os diversos agentes sociais teriam livres canais de expressão, sugerindo portanto a superação das lutas de caráter ortodoxo pelas igualdades e pela construção de uma identidade feminina, e a emergência de um novo momento da militância das mulheres, o pós-feminismo. De uma forma geral, não se pode dizer que o ideário neoliberal encontre equivalência na prática política e na intervenção discursiva do conjunto dos diversos segmentos sociais "minoritários", estando portanto o feminismo longe de ter esgotado as potencialidades de seu ponto de vista crítico e político. Essa discussão é um dos pontos mais interessantes do artigo de Teresa de Lauretis, "A tecnologia do gênero", incluído neste volume.

4 Elspeth Probyn. "Bodies and Anti-bodies: feminism and the post-modern". *Cultural Studies*. vol. 1 nº 3 out. 1987.

Não resta dúvida, entretanto, que, apesar da efervescência e do avanço do debate teórico feminista, o momento atual traz uma evidente apreensão quanto ao futuro e a um possível desgaste destes estudos. Depois de ultrapassar seus momentos iniciais, quando tinha prioritariamente o papel de "crítica do desagravo" — e de engajar-se, na era pós-moderna, na "luta pelo poder interpretativo"[5], quais seriam os próximos passos? Que grau de cumplicidade com as questões feministas terão as novas gerações? Que sentidos e que projetos orientaram a trajetória da critica feminista nestes últimos vinte anos?

Este volume procurou reunir textos que, de certa forma, ilustrassem os caminhos e as perspectivas da crítica feminista contemporânea. Procurou ainda, por meio da seleção de estudos que expressam tendências diversificadas, oferecer, em tradução, um panorama da produção teórica internacional e das questões centrais do debate feminista hoje no campo da crítica da cultura.

Hoje, dois pólos conceituais são percebidos como divisores do campo da produção teórica feminista: o feminismo angloamericano e o feminismo francês.

5 Jean Franco, "Si me permiten hablar: la lucha por el poder interpretativo". Revista Casa de Las Americas, ano 29, nº 171, nov./dez. 1988.

A corrente anglo-saxônica, muito prestigiada na área da teoria literária, vem, há quase vinte anos, procurando denunciar os aspectos arbitrários e mesmo manipuladores das representações da imagem feminina na tradição literária e particularizar a escrita das mulheres como o lugar potencialmente privilegiado para a experiência social feminina.

Os dois principais compromissos desta tendência são: em primeiro lugar, a denúncia da ideologia patriarcal que permeia a crítica tradicional e determina a constituição do cânone da série literária. Um dos efeitos importantes desse trabalho é o questionamento da legitimidade do que é considerado literário ou não, e a problematização dos paradigmas de um essencialismo e de um universalismo que de certa forma determinam os critérios estéticos e as estratégias interpretativas da crítica literária tradicional.

O segundo compromisso é com o desenvolvimento de uma arqueologia literária que resgate os trabalhos das mulheres que de diversas formas foram silenciados ou excluídos da história da literatura. Neste sentido, engaja-se no trabalho de recuperação de uma "identidade feminina" que aponte para as diversas formas de sua experiência, rejeitando, enfaticamente, a repetição e reprodução dos pressupostos mitológicos da crítica literária tradicional, que, via de regra, identifica a escrita feminina com a "sensibilidade contemplativa", a "linguagem imaginativa" etc., assim como as diversas formas como a biologia, a lingiística e a psicanálise vêm definindo a especificidade da linguagem feminina.

A respeito da recuperação da "identidade" feminina, o estudo de Elaine Showalter desenvolve mesmo a ideia de "uma cultura feminina enquanto uma experiência coletiva no interior da cultura lato sensu e que promoveria uma ligação entre as mulheres para além dos limites do tempo e do espaço".

Por outro lado, o feminismo francês, mais vinculado à psicanálise, vai trabalhar no sentido da identificação de uma possivel "subjetividade feminina". Enquanto as feministas americanas dos anos 60 declaram guerra ao falocentrismo freudiano, as francesas atentam para a psicanálise entendida como teoria capaz de promover a exploração do inconsciente e a emancipação do pessoal, caminho que se mostrava especialmente atraente para a análise e identificação da opressão da mulher.

A partir da segunda metade dos anos 70, a progressiva consolidação do prestígio do pensamento teórico de Derrida e Lacan no campo intelectual europeu ajuda a definir as bases do feminismo francês. Esta linha de análise trabalha basicamente com os conceitos de *différance* (conceito-chave da crítica derridiana desconstrutiva da lógica binária) e com o conceito de *imaginário* (relativo à fase pré-edipiana) de Lacan, em busca da definição de uma *écriture féminine*. O trabalho de Luce Irigaray — para citar um exemplo clássico do feminismo francês — é bastante interessante no sentido de investigar a ligação entre sexualidade e textualidade, e de examinar o campo de articulações do desejo na linguagem. A *escrita* passa a ser considerada o lugar por excelência da interrogação sobre a noção de "feminino" sentida como o *locus* da "errância", do "silêncio", da "falta". Assim, o feminismo constitui-se como a possibilidade de recaptura de uma unidade perdida, ao contrário das investigações anglo-saxônicas, consideradas "puramente temáticas" pela crítica francesa.

O texto de Elaine Showalter, que abre este volume, nos dá um bom panorama da crítica feminista e das polêmicas que se desenvolvem, especialmente na área da literatura.

Na realidade, a oposição entre estas duas tendências, parcialmente contraditórias, está se tornando cada vez menos clara e pode-se observar que a atual força do pensamento crítico feminista reside na procura de resolução das tensões e contradições produzidas exatamente por estas duas formas de pensar. O que chama a atenção é que nas duas situações a preocupação central é claramente a procura da definição, em graus diversos de complexidade, de uma *identidade feminina* e do lugar da *diferença*.

Do ponto de vista político, o empenho em se marcar essa identidade pode ser defendido como uma necessidade tática na luta contra as instituições do poder patriarcal. Entretanto, a própria ideia de identidade está fundamentalmente comprometida com a economia humanística e com a estrutura da lógica patriarcal. Portanto, reforçar a noção de "mulher" como o "outro", procedimento bastante frequente, traz consigo o risco de apenas legitimar e garantir a identidade hegemônica do "mesmo". O trabalho de Kristeva, nesse quadro, revela uma avanço teórico significativo ao postular enfaticamente sua profunda suspeição da própria noção de "identidade", reconhecendo que a própria dicotomia masculino/feminino deve ser compreendida como uma oposição do domínio da *metafísica*.[6]

Outro ponto de risco é a preocupação de subcorrentes do feminismo francês com a centralidade da linguagem, nem sempre articulada com a variedade das práticas sociais que entram na constituição dessa mesma linguagem, ou a insistência na proclamação de uma "experiência feminina" ou de uma "escrita

6 Julia Kristeva. "Women's time" in Signs 7, 1: 13-35.

do corpo", sem a explicitação necessária das relações concretas que a determinam.

Na maior parte das vezes, as propostas de investimento no "poder do imaginário feminino", nos aspectos "libertários" dessa linguagem e até mesmo no projeto de uma "'feminização" da sociedade são armadilhas às quais o pensamento feminista está exposto. A pergunta, existe uma linguagem feminina?", tão valorizada pela crítica literária e artística, vem geralmente marcada por um desejo de valorizar e potencializar o "lugar obscuro", onde se origina e mesmo se constrói esta linguagem que se oporia às leis implacáveis da racionalidade masculina ocidental.

Por outro lado, as diferenças e marcas próprias das formas e dos temas recorrentes na "escrita feminina" são, em sua maioria, facilmente verificáveis em um exame da produção literária e artística. E inegável que os discursos marginalizados das mulheres — assim como os dos diversos grupos "excluídos" ou "*silenciados" —, no momento em que desenvolvem suas "'sensibilidades experimentais" e definem espaços alternativos ou possiveis de expressão, tendem a produzir um *contradiscurso*, cujo potencial subversivo não é desprezível e merece ser explorado.

Contudo, a identificação deste potencial não é em si suficiente. As noções de "linguagem feminina" ou mesmo de "identidade feminina", enquanto construções sociais, exigem a avaliação das condições particulares e dos contextos sociais e históricos em que foram estruturadas. Os sistemas de interpretação feministas teriam, por conseguinte, como tarefa fundamental a reflexão sobre a noção de identidade e sujeito, levando necessariamente em consideração a multiplicidade de posições cabíveis que a noção de sujeito sugere e assumindo um claro compromisso com a perspectiva *historicizante* em suas análises.

Este tipo de preocupação com a ambigüidade manifesta de certas análises feministas da produção literária, que centram suas reflexões numa suposta e natural especificidade da linguagem e/ou escrita femininas, ou ainda na afirmação de uma identidade feminina, termina por estabelecer o conceito de *gênero* como categoria analítica.

Nas décadas de 60 e 70, as questões da identidade e diferença foram inegavelmente importantes, tendo conseguido abrir espaços e canais de expressão institucionais como a imprensa feminista, o cinema de mulher e os estudos feministas enquanto área de conhecimento. Neste quadro, a introdução da categoria gênero representou o aprofundamento e a expansão das teorias críticas feministas. O estudo das relações de gênero, agora substituindo a noção de *identidade,* passa a privilegiar o exame dos *processos de construção* destas relações e das formas como o poder as articula em momentos datados social e historicamente, variando dentro e através do tempo e inviabilizando o tratamento da diferença sexual como "natural".[7]

Ria Lemaire, no capítulo "Repensando a história literária", exemplifica a eficácia e a rentabilidade analítica da categoria gênero quando associada ao "jogo negativo" foucaultiano e à desconstrução fortemente contextualizada e historicizada dos pressupostos da historiografia tradicional.

Alguns outros estudos que privilegiam a noção de relações de gênero observam ainda as várias formas de configuração do gênero e sua interação com outras relações sociais como as de raça e classe. O artigo de Nancy Stepan é eloquente neste sentido. Stepan analisa detidamente as metáforas reveladoras das analogias entre as noções de gênero e raça no discurso das teorias científicas biossociais sobre o desenvolvimento da "espécie humana" e seu efeito estratégico na produção das desigualdades sociais.

Na mesma direção, outra vertente de estudos feministas, mais diretamente ligada às especificidades

---

7 Joan Scott. "Gender: a Useful Category of Historical Analysis" in The American Historical Review, vol. 91 nº 5, dez. 1986, pp. 1053-75.

da pesquisa da produção cultural latino-americana, aponta um campo de investigação interessante. E o estudo da produção dos discursos sobre o nacionalismo e da construção da ideia de identidade nacional, um dos eixos centrais do debate cultural em nossos países a partir da segunda metade do século XIX.

Tomando por base o estudo seminal de Benedict Anderson sobre a nação como "'comunidade imaginada",[8] os ensaios que compõem a parte "A questão nacional?" deste volume procuram expandir a análise de Anderson — centrada basicamente nas questões étnicas, raciais e dos subgrupos de classe — introduzindo a discussão sobre as representações de gênero e seu caráter excludente e discriminatório nas estratégias narrativas nacionalistas.

Neste sentido, Jean Franco analisa um extenso corpus de romances e contos latino-americanos escritos por ou sobre mulheres nos momentos históricos decisivos de definição nacional, Mary Louise Pratt mostra de que maneira os intelectuais e escritores simbolizaram seu próprio universo no campo sócio-semântico dos discursos nacionalistas e as várias formas como as autoras mulheres problematizaram as ideologias masculinas de nacionalidade e cidadania, enquanto

8 Benedict Anderson. *Nação e consciência nacional*, São Paulo, Editora Ática, 1989.

Doris Sommer observa a conjunção, nos romances fundadores, do erótico com o político, do corpo sexual com o corpo nacional.

O recente impulso dos estudos sobre os processos de construção da subjetividade feminina nos países "periféricos", entre os quais está o exame dos discursos nacionalistas no Brasil e na América Latina, pode ser visto como uma abertura possível para a revitalização das teorias críticas feministas contemporâneas. Pode-se mesmo dizer que o investimento, extremamente oportuno, destes estudos na multiplicidade e na heterogeneidade das demandas femininas, bem como nas próprias diferenças manifestas entre mulheres de contextos e circunstâncias diversas, é o grande responsável pela inclusão dos temas racismo, anti-semitismo, imperialismo, colonialismo e a ênfase nas diferenças de classe no debate feminista mais recente.

A própria especificidade da condição da mulher nestas sociedades vem impondo a problematização dos modelos teóricos feministas europeus e norte-americanos. Estes modelos, como sugere Gayatri Spivak, revelam o risco de operarem no sentido de uma "mundialização", ou seja, a obliteração da heterogeneidade dos discursos subalternos e regionais. Spivak chega mesmo a denunciar, na prática da crítica feminista dos países centrais, a reprodução de axiomas imperialistas e uma possível cumplicidade entre o pensamento feminista metropolitano e certas ideologias racistas e colonialistas.[9]

No artigo "Quem reivindica alteridade?" em que discute sua própria posição pessoal de "subalternidade" — uma intelectual indiana que teve acesso à cultura do imperialismo —, Spivak vai mais longe. Agora, são as próprias noções de "alteridade" e de "discursos emergentes" (especialmente no que dizem respeito às mulheres do Terceiro Mundo) e a busca de um fetichizado "sujeito perfeito" para as narrativas das novas histórias marginais no *Zeitgeist* da pós-modernidade transnacional que são problematizadas.

Paralelamente, a partir da segunda metade da década de 1980, novas perspectivas começam a ser delineadas. Alguns estudos de ponta, sintonizados com a urgência da renovação e ampliação da área de investigação sobre a mulher, começam a questionar as atuais categorias de análise feministas e enfrentar o desafio de pensar a situação da mulher em relação a um sistema mundial de produção, reprodução e comunicação pós-industrial na era de uma "informática da dominação".

9 Gayatri Spivak, "Three Women's Texts and a Critique of Imperialism" in Henry Louis Gates, Jr. *"Race" writing and difference*. University of Chicago Press, 1986. pp. 262-80.

Teresa de Lauretis, no capítulo "A tecnologia do gênero", abre uma interessante discussão sobre a noção de gênero e suas ideias derivadas como categorias limitadoras e cuja operacionalidade, de forma não muito diversa daquela dos estudos centrados na identidade e na diferença sexual, ainda expressam certa tendência de universalização da dicotomia homem/mulher. Lauretis propõe, em contrapartida, a noção de *subjetividade múltipla* e, portanto, não unificada. Tentando abrir um caminho possível para superar os limites que a noção de relações de gênero vinha trazendo para a análise semiológica, passa a trabalhar num quadro que privilegia, de forma sistemática, a configuração variável de posicionalidades discursivas sexuais. O sistema sexual de gênero deixa de ser visto, portanto, como constituinte de uma esfera autônoma, e passa a ser considerado uma posição da vida social em geral. É neste sentido que Lauretis elabora o conceito de *sujeito do feminismo*, distinto tanto da ideia de *mulher* como essência inerente a todas as mulheres quanto da noção de gênero que define a mulher enquanto ser histórico, gerado pelas relações sociais.

A vantagem maior do conceito *sujeito do feminismo* é a de atuar num espaço ambíguo e exterior ao quadro das representações tradicionais. Ainda que não se abandone o trabalho com as formações discursivas e as estruturas de representação das relações de gênero, torna-se possível a inclusão daquilo que estas representações deixam de fora: os espaços sociais ou discursivos produzidos nas margens, nas entrelinhas e nas novas formas de organização das mulheres. O *sujeito do feminismo*, como sugere Lauretis, seria, por sua vez, "engendrado pela tensão entre a negatividade crítica da teoria feminista e a positividade afirmativa de sua política".

Outra proposta teórica e política altamente estimulante por sua perspectiva antinaturalista e prospectiva é a de Donna Haraway no seu manifesto para os *cyborgs*. A escolha da figura do *cyborg* (um ser-artefato que funde e confunde as categorias organismo e máquina) como objeto de identificação para o feminismo deste fim de século é, sem dúvida, um achado. Não sendo criado a partir de nenhuma unidade original e sem apresentar qualquer identificação com a natureza no sentido ocidental, o *cyborg* é, segundo Haraway, a criatura do *mundo pós-gênero*: "Um ser que não sonha com a comunidade a partir do modelo da família orgânica, que não reconheceria o paraíso, assim como não voltará ao pó, porque não é feito de barro." Um artefato emblemático e exemplar da experiência pós-moderna com sua profusão de espaços e identidades permanentemente parciais, com sua permeabilidade de fronteiras no corpo pessoal e no corpo político. Esse tipo de experiência, certamente, não encontra correspondência nas taxonomias do feminismo tradicional.

O manifesto de Haraway na defesa de uma política *cyborg* sugere um posicionamento teórico e político adequado à extensão e à profundidade dos rearranjos que a lógica das relações sociais vem sofrendo no contexto da nova ordem mundial, ou, como define a autora, no contexto de um "sistema informacional polimorfo".

É importante ressaltar, neste estudo, a proposta de uma abordagem inovadora da mudança de paradigmas determinada pelos avanços da ciência, incluindo-se aí os sistemas de mitos e significados que estruturam o imaginário contemporâneo. Haraway decididamente evita o senso comum que pensa estes avanços num sentido meramente determinista e propõe que se avalie o desenvolvimento científico e tecnológico como um sistema histórico que engendra *relações sociais* específicas.

Na era da tecnociência e da tecnocultura, torna-se cada vez mais claro que a reflexão feminista não pode mais confinar-se aos limites do corpo "'moderno" reificado, seja este feminino ou qualquer outro. O futuro destes estudos traz consigo o compromisso de garantir a eficácia de sua intervenção nos pontos nodais das diversas áreas do saber, nas inflexões das políticas científicas e culturais e nos múltiplos níveis da significação — materiais ou semióticos — nos quais são construídas as "diferenças".

A trajetória do pensamento feminista nestes últimos anos, sua progressiva flexibilização e atual alcance teórico e político são, de certa forma, também a expressão do complexo processo em direção a uma crítica radical da cultura neste fim de milênio.

Um processo já em curso, e assumido pelas feministas nas mais diversas e inesperadas fronteiras do pensamento.

O estranho horizonte da crítica feminista no Brasil

As teorias críticas feministas estão experimentando um momento bastante interessante. Nos países de formação saxônica, especialmente nos USA, conseguiram uma certa legitimidade acadêmica e constituem-se como uma inegável tendência dentro do mercado editorial. Muitos centros de *women's studies* se formaram dentro das Universidades, desde a segunda metade dos anos 70, e seu projeto é claramente intervencionista e político-acadêmico. Na França, já o quadro é relativamente diverso. Os estudos feministas, cuja facção mais representativa e internacionalmente reconhecida é ligada à psicanálise, recusam a filiação institucional dentro das Universidades e preferem formas de organização independentes ou, pelo menos, desvinculadas da produção de acadêmica oficial.

De um modo geral, a formação desta área de conhecimento está intimamente ligada aos movimentos políticos dos anos 60, mas vai ganhar estatuto acadêmico um pouco mais tarde, no contexto da consolidação das teorias pós-estruturalistas e desconstrutivistas, cuja desconfiança sistemática em relação aos discursos totalizantes passa a ter uma posição central no debate teórico conhecido como pós-modernista.

É neste terreno — coexistindo com formações disciplinares emergentes como o novo historicismo, a história das mentalidades e os estudos pós-coloniais — que se move, e ganha prestigio, a maior parte do pensamento crítico feminista internacional desenvolvido a partir da segunda metade da década de 1970. Este pensamento, entretanto, revela certas especificidades em relação ao quadro teórico no qual, de certa forma, se insere. Passado o momento inicial de crítica do desagravo e de denúncia da lógica patriarcal nas relações de gênero, as teorias críticas feministas começam a mover-se em direção a uma perspectiva mais sutil e talvez mais radical, batizada por Jean Franco como *a luta pelo poder interpretativo*[1], ou seja, uma luta, bastante precisa, no interior de campos epistemológicos, no interior da própria lógica das formações discursivas. Se as novas teorias antitotalizadoras falam de uma crise

1 Jean Franco, "Si me permitem hablar: la lucha por el proder interpretativo" *Revista Casa de Las Americas*, ano 29, n. 171, nov./dez. 1988.

da representação, o feminismo fala exatamente da necessidade de uma luta *pela significação*. Por outro lado, num momento em que se apregoa o fim da história, do social e do político, a crítica feminista passa a insistir na articulação de suas questões com as determinações históricas e políticas. Ainda que não excludentes, as teorias feministas e o pensamento pós-moderno parecem apontar, com clareza, para diferentes campos de contestação.

Entretanto, atualmente, apesar da efervescência e do avanço do debate teórico feminista, pode-se perceber alguns sinais de confinamento e declínio da área, na forma como foi configurada originalmente, ainda que esta esteja longe de ter esgotado suas potencialidades políticas e epistemológicas. Começam a ser discutidos mesmo certos aspectos da prática da crítica feminista nos países centrais onde, como observa Gayatri Spivak, a reprodução de axiomas imperialistas denunciaria uma possível cumplicidade entre o pensamento feminista metropolitano e certas ideologias racistas e colonialistas[2]. Com a palavra, portanto, estariam agora os estudos sobre a mulher nas sociedades periféricas, capazes de trazer para o centro da cena feminista do-

2 Gayatri Spivak, "Three Women's Texts and a Critique of Imperialism" in Henry Louis Gates, Jr. "Race", Writing and Difference. University of Chicago Press, 1986. pp. 262-280.

minante temas como o racismo, o anti-semitismo, o imperialismo, o colonialismo, a ênfase nas diferenças de classe, e, *principalmente*, a possibilidade de interpelação dos atuais modelos teóricos feministas. Estaria ainda nas mãos destes estudos, a responsabilidade da discussão acerca do surgimento de um ideário pluralista, subsidiário da economia de mercado. O ponto principal dessa discussão seria o questionamento do pluralismo neoliberal e da consagração de uma falaciosa "retórica da diferença", que estaria, na realidade, bloqueando o sentido real de uma "política da diferença", capaz de restituir às margens, seu valor polêmico[3].

A partir deste panorama, não é difícil perceber como os estudos sobre a mulher em nossos países, neste momento, adquirem importância e atualidade.

Entretanto, no caso do Brasil, as coisas não se passam com facilidade. Há como que um desconforto, um tipo muito específico de imprecisão quando se formam grupos e núcleos de estudos sobre a mulher. Pode-se perceber, por exemplo, uma enorme dificuldade na auto-identificação como feministas, inclusive, por parte das profissionais liberais, intelectuais, artistas ou

---

3 Este aspecto foi desenvolvido de forma bastante interessante por Nelly Richards em comunicação apresentada no Simpósio Identidade Artistica e Cultural na América Latina, 23 a 25 de setembro de 1991, São Paulo, Fundação Memorial da América Latina.

políticas com livre acesso a espaços públicos e centros de decisão. Esta imprecisão, se não me engano, diz respeito, de forma bastante direta, aos mitos que regem a lógica das relações de gênero entre nós e, de forma mais geral, à especificidade das relações de poder no Brasil.

A própria organização do movimento feminista brasileiro traz alguma curiosidade. Surgido, durante a década de 70, em plena ditadura militar, o feminismo brasileiro vinculou-se, em sua maioria, aos partidos e associações de esquerda, e aliou- se, de forma delicada, a setores progressistas da Igreja Católica, um dos focos mais importantes de oposição ao regime. Se por um lado, esta aliança com a Igreja abriu às mulheres um amplo campo de militância e resistência política, trouxe, por outro, certos anacronismos. Pelos constrangimentos do momento político em que surge e estabelece- se, o feminismo brasileiro definiu como agenda prioritária, a defesa dos direitos civis, da liberdade política e da melhoria das condições sociais de vida, relegando a um segundo plano, as reivindicações específicas sugeridas pelos movimentos feministas internacionais com os quais pretendia identificar-se. No mesmo sentido, a partir dos compromissos e alianças estabelecidas com a Igreja Católica em oposição ao regime, foi necessário que o feminismo brasileiro, num momento particularmente importante de autodefinição, abrisse mão de questões feministas centrais como a liberdade sexual, o direito ao aborto ou o debate sobre o divórcio[4].

Por outro lado, a potencialização do espaço doméstico da família, ameaçado pela violência da repressão, e a politização do papel tradicional de Mãe, definiu vitórias políticas surpreendentes como o Movimento pela Anistia, encaminhado sob a bandeira inexpugnável da maternidade. Portanto, duas instituições conhecidas como basicamente conservadoras — a Igreja e a Família — tornam-se arenas explosivas para a ação política radical das mulheres. Se, em casos como este, a cadeia de compromissos que a ação política vai estabelecendo nas várias situações da história brasileira pode trazer soluções e estratégias bastante originais e eficazes, de um modo geral, oferece dificuldades especificas como veremos mais adiante.

Gestada durante a ditadura, a organização dos movimentos de mulheres mostra seus efeitos no processo de redemocratização do país, particularmente durante a campanha "Diretas Já", pela restauração do voto democrático, em 1985. Praticamente todos os partidos

4 Cynthia Sarti, "Feminismo no Brasil: Uma trajetória Particular" in: Cadernos de Pesquisa (Fundação Carlos Chagas) n.64, Fev. 1988, p.38-47 e Albertina de Oliveira Costa, "É Viável o Feminismo nos Trópicos?" in: Cadernos de Pesquisa, n.66, ago. 1988 pp.63-69.

políticos apresentaram propostas encaminhadas por grupos feministas, formou-se o Conselho Nacional pelos Direitos da Mulher e foram criadas, ainda em 1985, as Delegacias da Mulher, hoje em número de 50, espalhadas por todo o país.

É deste mesmo ano, a primeira iniciativa de mobilização de pesquisadores de literatura sobre a questão da mulher, na Universidade Federal de Santa Catarina. No ano seguinte, foi constituído o Grupo de Trabalho "Mulher na Literatura" na ANPOLL (Associação Nacional de Pós-Graduação em Lingüística e Literatura) cujo número de participantes vem aumentando em proporção geométrica. Nos últimos cinco anos, 10.23% dos trabalhos apresentados nos Encontros da ANPOLL e 24% dos apresentados nos Encontros bi-anuais da ABRALIC (Associação Brasileira de Literatura Comparada), as duas associações profissionais mais prestigiadas na área de letras, enfocaram a questão feminina. A partir de 1985, 8 % do total das teses de mestrado e doutoramento em letras lidaram com as escritoras mulheres. Atualmente, temos aproximadamente 20 programas ou centros interdisciplinares de estudos da mulher, ligados à pós-graduações, todos contendo representantes da área de literatura. Um dado interessante é a rápida institucionalização destes estudos no Brasil. Ao contrário dos outros países, a questão, em si bastante complicada, da institucionalização dos centros sobre a mulher não foi tema de discussão ou preocupação. Parece ter acontecido de forma "súbita" e "natural". Entretanto, observando a distribuição geopolítica destes centros e programas, podemos perceber que os bastiões acadêmicos da Universidade de São Paulo, Universidade de Campinas e da Universidade Federal do Rio de Janeiro, que são os grandes centros formadores da área de letras, mostram-se ainda razoavelmente impenetráveis para as mulheres. Os programas de estudos feministas desenvolveram-se, na realidade, no Nordeste, no Sul e no Centro-oeste, em universidades que estavam em processo de consolidação de suas pós-graduações.

A produção crítica literária sobre a mulher no Brasil, apesar de numerosa, ainda não se constituiu como uma tendência teórica na área. No seu total, 17 % desta produção critica vincula-se às correntes francesas de lastro psicanalítico, 52 % trata do tema mulher na literatura dentro dos parâmetros da crítica literária tradicional, recusando mesmo qualquer identificação com inflexões feministas, e apenas 31 % poderia ser definida como crítica feminista estrito senso. Vou tratar aqui apenas deste segmento, ou seja, aquele que assume um compromisso de caráter claramente político em sua prática crítica e teórica.

Num recente estudo que fiz sobre o estado da arte da crítica e da pesquisa literária feminista no Brasil, pude constatar, no conjunto desta produção, uma clara predominância dos estudos historiográficos, privilegiando, particularmente, o exame dos "gêneros menores" e o estatuto de sua inserção na série literária. Constatei também que quase 70% destes estudos filiam-se ao que se convencionou chamar na área de "tendência arqueológica" — ou seja, o trabalho de recuperação de atores e dados históricos "silenciados" pela literatura canônica — e que, dentro desta tendência, expressiva fração dos estudos lidavam diretamente com a análise das representações em torno do conceito de "nacional" ou melhor, de uma subjetividade nacional sentida como excludente por alguns setores e segmentos sociais.

Voltando ao trabalho "arqueológico" que vem sendo empreendido pelas mulheres, chama atenção a grande produtividade do trabalho de resgate do que foi perdido — ou "silenciado" — na cultura feminina, e a revelação de inúmeras autoras, tendências e até mesmo de novos campos e objetos de investigação. Ao mesmo tempo, chama também a atenção, a evidência de que o resultado destes trabalhos revelou-se, de certa forma, insatisfatório. Os objetos recuperados, ou resgatados, muito frequentemente, não "cabiam" nas lacunas da história oficial. Este insucesso — na realidade um sucesso — demonstrou como a história literária tradicional não provê as categorias pelas quais as ações das mulheres possam ser satisfatoriamente descritas e, sobretudo, a necessidade de um questionamento profundo dos pressupostos desta historiografia, seus pontos de partida, métodos, categorias e periodizações.

Em termos gerais, os temas e os problemas que estão sendo mapeados e experimentados pela produção feminista levantam algumas questões de fundo particularmente importantes como o mito da *linearidade* da história na cultura ocidental e a questão dos gêneros literários.

Sobre o mito da linearidade da história literária, gostaria de observar as formas de inter-relação entre os discursos das histórias literárias nacionais e os discursos da *genealogia* nas sociedades patriarcais. Em ambos os casos, é traçada uma linhagem cronológica — não importa se real ou hipotética — de uma tradição *única e ininterrupta* na qual, os que não se enquadram (por sexo, raça, ideias ou nacionalidade), são excluídos como marginais.

A lógica desta linhagem, por sua vez, é definida em termos patrilineares e baseada nos sistemas da propriedade privada, nos quais os filhos são legalmente considerados herdeiros legítimos de um patrimônio material, político ou cultural. A forte ênfase dada pelos historiadores literários na noção de "paternidade cultural", no mapeamento das "influências" literárias, nas questões que envolvem a definição de autoria e autencidade e, mesmo, no controle do texto com o objetivo de prevenir possíveis proliferações de sentidos "ilegítimos", comprova a permanência de fortes afinidades entre os discursos genealógico e literário[5].

No nosso caso, temos, a propósito da constituição de linhagens literárias e artísticas, uma variável extremamente curiosa. Na segunda metade do século, quando se torna urgente o estabelecimento de uma identidade cultural em função dos movimentos de criação e consolidação do Estado Brasileiro, percebe-se, na falta de um tronco genealógico que pudesse definir as linhas da aristocracia literária nacional, a necessidade da própria *invenção* desta tradição (sobre este ponto voltarei mais adiante). Entretanto, essa mesma tradição "inventada", datada e determinada por pontos de vista bastante evidentes, é legitimada como *única* e experimentada como *ancestral e linear*, constituindo-se como o eixo da definição dos contornos da literatura

5 As noções aqui discutidas tomaram por base os trabalhos de Jetty Schaap, "Introdução" e Ria Lemaire: "Rethinking Literary History" ambos em Jetty Schaap, Historiography of Women's Cultural Traditions.Foris Publications Holland/USA, 1987.

nacional. No mesmo sentido, coloca-se a questão da hegemonia de uma perspectiva escriptocêntrica na historiografia literária, ou seja, a *permanência* de um conceito monolítico de escritura, o *uso* deste conceito nas discussões acadêmicas, e suas consequências no sentido da "eliminação" da produção das "margens", das literaturas populares, étnicas e das mulheres. Uma análise atenta dos processos da transição das formas orais para a escrita impressa, bem como da escrita para os meios de massa, tomando por base as funções político-sociais destas tecnologias em seus respectivos momentos históricos, certamente traria algumas surpresas.

Sobre a questão dos gêneros "menores" da literatura, nos quais, por opção ou estratégia, enquadram-se quase todas as formas da produção feminina, assim como a da maior parte das culturas orais e populares, gostaria de referir aqui o conceito de "gênero de discurso" que permeia grande parte da obra de Bakthin e que sinto como sendo um bom caminho na direção do exame das literaturas "marginais"[6]. Em vários trabalhos, Bakthin aponta os limites e impasses da historiografia literária

6 O conceito de gêneros de discurso foi desenvolvimento por Bakhtin em vários estudos, como "Gêneros do Discurso", "A Epica e a Novela" e na Entrevista que concedeu à revista Novi Mir sobre os impasses da teoria literária na Russia, em 1972.

tradicional, cujo foco concentra-se em fenômenos periféricos e historicamente insignificantes — como a luta entre escolas e tendências literárias — em detrimento do exame da história mais profunda e radical dos gêneros discursivos. O conceito de gênero discursivo — no qual se incluem os gêneros literário e artístico — é entendido aqui no sentido de campo valorizado de percepção, no sentido de formas de representar o mundo, ou seja, de formas de pensar. Nesta perspectiva, cada gênero discursivo não apenas revela um tipo especifico de atividade criativa, como também, e, principalmente, traduz um sentido particular de experiência. Infere-se daí como experiências sociais diversificadas tendem a determinar diferentes gêneros literários e como o surgimento de novos gêneros discursivos refletem necessariamente mudanças na vida social. A noção de gênero colocada desta forma, enquanto veículo de historicidade e a partir de sua articulação com a experiência social, pode ser bastante útil para a revisão definitiva dos juízos de valor em curso, sobre as formas de expressão das culturas marginalizadas.

Os estudos feministas que vem examinando a economia informal literária desenvolvida nas margens e preterida pela historiografia tradicional, já começam a apresentar alguns resultados significativos. É, por exemplo, reveladora a pesquisa de Marlyse Meyer sobre o papel decisivo da mulher, enquanto leitora de folhetins, na formação do romance brasileiro adaptando o gosto do mercado às condições e à moral locais. Ou o de Maria Odila Silva Dias que procura relativizar, numa série de estudos brilhantes, as noções de espaço público e espaço privado, a partir do exame dos processos de constituição do Estado Nacional e seus reflexos na novela do final do século. Existem ainda inúmeros trabalhos sobre o espaço extremamente produtivo e inovador da imprensa feminina do séc. XIX, ou sobre o circuito dos salões e academias literárias examinados como espaços semipúblicos de experimentação não só de novas formas literárias, mas, sobretudo de novas formas de sociabilidade. Não posso deter-me aqui sobre esta produção, mas quis mencioná-la apenas como um exemplo de como a eleição de diferentes parâmetros de avaliação e classificação dos "fatos literários" promove, *necessariamente*, uma outra história, na qual, objetos e campos de reflexão, habitualmente subestimados pela crítica, podem determinar novos eixos historiográficos, relativizando aqueles que definem o agrupamento de obras na historiografia tradicional.

É a crítica arqueológica, cujo potencial teórico procurei esboçar nesta digressão, no quadro dos estudos feministas, a tendência que mais vem mobilizando pesquisadoras, mas também a que mais resistência vem experimentando no sentido de sua aceitação e legitimação nos meios acadêmicos. Avaliações como resgate de literatura de "segunda", estímulo à produção de guetos e trabalhos de valor apenas "sociológico", mostram a área dos estudos literários entre nós como extremamente reativa e conservadora.

Sobre o *ethos* dos estudos feministas no Brasil, um dado inicial é a constatação da dificuldade muito específica encontrada pelas pesquisadoras no trabalho com a literatura brasileira. A pesquisa sobre a mulher na literatura no Brasil constitui-se, de forma muito nítida, a partir da experiência de pesquisadoras que passaram algum tempo no exterior com bolsas de estudo ou em função de exílio político próprio ou de seus maridos. Foi, portanto, um interesse estimulado de fora para dentro e consolidado pela voga internacional das novas teorias críticas feministas. Esta observação em si não apresenta nenhuma novidade e seria mesmo imprudente enunciar, sem uma análise mais detida, um juízo de valor sobre a impropriedade do influxo do pensamento teórico internacional em nossa vida acadêmica. O que está em jogo aqui é o fato de que a maior parte dos estudos literários feministas concentra-se nos departamentos de inglês e de francês, lidando com suas respectivas literaturas, autores e teóricos. A produção feminista relativa à literatura brasileira é ainda minoritária e mostra-se inexplicavelmente tímida. Ou, digamos, enredada em discussões essencialistas sobre possíveis características de uma "linguagem ou sensibilidade femininas" sem enfrentar questões de recorte mais político como vem sendo feito por suas colegas, nos departamentos de línguas estrangeiras. No mínimo, percebe-se uma séria dificuldade em se estabelecer o lugar de uma fala feminista na discussão do campo cultural onde se inserem as pesquisadoras.

Os próprios resultados apresentados pela tendência "arqueológica", que concentra a maior parte da produção feminista e trabalha basicamente com o séc. XIX revela a preferência por questões gerais da historiografia literária, como apontei acima, escapando de temas nevrálgicos do debate cultural brasileiro, como o processo da construção e/ou invenção da nacionalidade brasileira, as ideias de um *instinto de nacionalidade* ou ainda a questão, extremamente perturbadora, de uma *identidade nacional "ambígua" e cordial*, que vêm servindo de eixo para o sistema classificatório de nossa literatura.

Por outro lado, não deve ser por mero acaso que, no conjunto da crítica feminista brasileira, observa-se uma preocupação especial com a segunda metade do século XIX, época do *rush* em direção à definição dos contornos da nação, tantas vezes descrita, pelos escritores e intelectuais da época, como uma "missão irrecusável". Tarefa, que envolve de maneira crucial a *intelligentsia* local e dá origem a instituições destinadas a traçar "a biografia da nação", organizar sua história e a afirmar e consolidar uma língua e uma literatura nacionais. É o caso da criação, em 1838, do Instituto Histórico e Geográfico Brasileiro e, em 1896, da Academia Brasileira de Letras.

Que papel teria sido atribuído às mulheres nos discursos que imaginaram a nação brasileira? Em princípio, não há dúvida que a figura feminina foi chave nas representações deste processo. Isto se vê não só na ficção, como também na larga produção pedagógica do período. Realizei há pouco tempo um estudo sobre a série de bibliografias de "vultos ou personagens célebres brasileiros", uma das estratégias mais utilizadas, na segunda metade do século XIX, para forjar uma elite intelectual nacional. Ao lado da volumosa produção sobre heróis masculinos, algumas obras dedicavam-se à construção de uma linhagem de celebridades femininas. Os dois trabalhos mais divulgados neste sentido são os *Brasileiras Célebres* de Joaquim Norberto, de 1862 e o *Mulheres Célebres* de Joaquim Manuel de Macedo de 1878. Em ambos, a celebridade da mulher é subsidiária da metáfora da "maternidade republicana", a mulher-mãe "civilizadora" e responsável pela construção de uma nação moderna, educada e homogênea[7].

Neste caso dois problemas chamam a atenção. Em primeiro lugar, a dificuldade, de ordem mais geral, em adequar as ideologias liberais ao caso concreto da permanência da escravidão e das estruturas sociais oligárquicas no país, como observa Roberto Schwarz em vários estudos. Em segundo, a própria violência de um projeto de homogeneização nacional sentido como necessário para a representação "moderna" da nação. Começa a ser esboçada, com mais nitidez, a estrutura da ambiguidade discursiva, que vai tornar-se progressivamente saída e limite dos discursos sobre raça e gênero no Brasil.

Antes de prosseguir, gostaria apenas de observar que mesmo tendo sido simbolicamente central, a própria natureza da imagem "civilizadora" que foi reservada às mulheres na mitologia republicana, privilegiando apenas sua capacidade reprodutiva e educadora, contraditoriamente, a excluiu do pacto simbólico que

7 Ver Miriam Moreira Leite. *Uma Construção Enviesada: A Mulher e o Nacionalismo no Sec. XIX*. (Mimeo. Trabalho apresentado no seminário "De que fala o Nacionalismo?" Ciec, UFRJ, 1989) e H. B. Hollanda. *Letras, Armas e Virtudes*. (Mimeo. Trabalho apresentado na V Encontro da ANPOLL, 1990).

terminou por constituir a própria ideia globalizante de nação. O alcance negativo da súbita valorização dos papéis femininos na República foi percebido e contestado na época, como se pode ver no interessantíssimo *Mulheres Ilustres do Brasil* de Ignez Sabino, publicado em 1899, que interpela frontalmente os trabalhos de Norberto e Macedo e procura reorientar, ainda que sem sucesso, o sentido de "celebridade feminina" nas demais bibliografias de grande circulação no final do século.

No plano da ficção, especialmente no caso dos romances fundadores, as coisas não se passam de forma muito diferente. Qualquer exame, mesmo superficial, das obras de José de Alencar, um dos principais articuladores dos mitos de fundação da nacionalidade no romance brasileiro, aponta para a presença da mulher constituída como o ícone nacional por excelência, mas, ao mesmo tempo, não só enquanto o locus privilegiado da invasão e da colonização, mas, sobretudo, das estratégias de "naturalização" e "harmonização" dos conflitos entre elementos antagônicos das lutas pela consolidação nacional, como é claramente o caso de Iracema e do Guarani. É importante observar ainda que, raramente, as escritoras mulheres se identificaram com a missão da "construção nacional" e que a pesquisa vem mostrando, pelo contrário, na produção literária feminina, um profundo sentimento de exclusão ou até mesmo de perda de identidade determinado pelas ideologias modernizantes, homogeneizantes e nacionalistas. Este problema, pela forma indireta com que está sendo colocado pelos trabalhos da área, revela a enorme dificuldade que as mulheres sempre demonstraram em situar-se no quadro sócio-histórico da formação nacional e do desconforto na relação com os sentimentos patrióticos ou nacionalistas.

Um dado interessante e revelador da dissociação das mulheres com as ideias de uma fraternidade nacional é a existência, desde o início do século passado, da inclinação das organizações feministas pelos networks internacionais, como foi o caso da grande participação feminina nos movimentos panamericanistas e nas associações pacifistas internacionais.

Se o século XIX traçou o esboço de uma identidade nacional extremamente problemática e ambígua no que diz respeito às relações étnicas, de gênero ou de classe, mais complexa ainda é a proposta de uma re-definição da identidade nacional capaz de teorizar e instrumentalizar essa ambiguidade, formulada pelas vanguardas artísticas do início do século. Permanece hegemônico desde então, o design modernista de uma identidade "sem nenhum caráter", mutante e carnavalizante que conforma, de maneira significativa, os discursos das artes, da política e da academia no Brasil.

O ponto alto das vanguardas modernistas foi a proposta antropofágica, considerada, até hoje, como o grande insight em termos de definição de uma identidade cultural moderna para o país. O "modelo antropofágico" procurava, através da apropriação canibalesca dos aspectos "desejáveis" das novas formas do progresso e da tecnologia anunciadas pelo capitalismo, uma fórmula que encompassasse as dissonâncias da vida social brasileira. O assunto é quente, mas vou ater-me aqui apenas em um pequeno aspecto que diz respeito à questão especifica da elaboração antropofágica — ou oswaldiana — de uma noção de diferença que, salvo engano, ainda reverbera no processo de construção da subjetividade da mulher e do negro brasileiros.

Oswald de Andrade, o autor do Manifesto Antropófago de 1928, afirma ter se baseado no ensaio de Montaigne sobre o Canibalismo. No ensaio de Montaigne, o que salta aos olhos e que vai se tornar o ponto chave do manifesto modernista é a observação de que os canibais escolhiam para devorar apenas aqueles prisioneiros que resistiam totalmente à assimilação. Caso os prisioneiros se identificassem minimamente com a cultura da tribo, poderiam ser mortos, mas não devorados. Para merecer ser degustado, o estrangeiro deveria exibir a prova de sua diferença *até o fim*. O gesto antropofágico revela, portanto, antes de mais nada, uma extrema fascinação com a diferença e com a alteridade. Entretanto, no caso da vanguarda modernista, a "devoração da diferença", tanto o discurso colonial quanto o discurso modernizador, enfatiza, de forma particular, o gesto subsequente ao processo de absorção que é eliminação daquilo "que não interessa". Desenvolve-se assim, a partir do projeto antropofágico, uma elaborada tecnologia cultural de trituração, processamento e deglutição da alteridade com particular atenção na eliminação, ainda que parcial, das diferenças. Não me parece exagerado afirmar que os mitos sobre as relações raciais e de gênero no Brasil reproduzem com fidelidade a ambivalência entre esta forte fascinação com a diferença e a preferência por assimilá-la apenas *parcialmente*. Um dos pontos evidentes — ou, melhor, a "caixa preta" — do modelo antropofágico, que constitui a auto-imagem brasileira mais prestigiada, é a recorrência de uma ambivalência estrutural e de uma desordem carnavalizante e pré-lógica, um tipo de perversão polimorfa constitutiva da nossa realidade social, na qual, a ordem social e moral é constantemente subvertida.

Não é portanto de admirar que os estudos feministas encontrem dificuldades concretas em escapar desta lógica particularmente engenhosa, e em enfrentar as análises dos processos de construção de uma "subjetividade brasileira" que absorve, aparentemente, com naturalidade e extrema cordialidade tudo que "não é seu".

Apesar de concordar com a observação de Schwarz, no ensaio "Nacional por Subtração", sobre a inadequação da analogia estabelecida pelo *Manifesto Antropófago* com o processo digestivo, nada nos esclaresceria a política e estética do processo cultural contemporâneo?[8] Me permito, na qualidade de diferença "expelida" no banquete antropofágico, observar algumas características desse processo de eliminação. Já apontei anteriormente como forte fator da permanência dos mitos da "democracia racial e sexual" brasileira, a sintomatologia antropofágica de uma constante, mas *parcial* assimilação da diferença. Um processo de assimilação que aponta mais para a evidência de uma dualidade auto-referencial, fundada em oposições claramente hierárquicas, do que para uma possível convivência democrática entre segmentos raciais, sexuais ou de classe. A propósito, um dos pontos mais interessantes que alimenta a maior parte dos trabalhos antropológicos de Roberto DaMatta é a análise da institucionalização, na cultura social brasileira, de figuras intermediárias como

8 Roberto Schwarz. "Nacional por Subtração" in — *Que Horas São?* SP, Companhia da Letras, 1987. p. 38.

o mulato, o malandro, o jeitinho, o despachante ou o pistolão — figuras numerosíssimas no cotidiano social do país — e de seu valor positivo enquanto elementos que cristalizam a possibilidade de composição entre oposições. DaMatta descreve este sistema como uma operação de compensação, substantivamente funcional em sociedades como a brasileira, a meio caminho entre o individualismo liberal e o holismo hierárquico[9]. São, entretanto, precisamente as figuras da mediação e da ambiguidade, já estudadas por Schwarz ao descrever a ideologia do favor, ou por Cândido, quando examina a dialética da malandragem, que vão servir como fator complicador para os modelos teóricos disponíveis dos estudos feministas. No caso brasileiro, as desigualdades sexuais e raciais metaforizadas tornam-se constitutivas das representações sobre a nacionalidade. A centralidade da imagem da mulata, nos textos e subtextos que conformam nossa identidade cultural, exemplifica a natureza complexa desta operação e demonstra como, neste caso, as características nacionais que informam nossa tradição cultual são bem menos importantes do

9 Estas ideias, ainda que permeiem todo o trabalho de DaMatta, encontram-se sintetizadas no estudo "For an Anthropology of the Brazilian Tradition" apresentado no Seminário "Latin- America: Paths Toward Ideological Reconstruction", Woodrow Wilson International Center for Scholars, Washington, 3-5 de março de 1988.

que as relações e intermediações que estabelecem entre si. Não é por acaso, portanto, que os estudos literários feministas no Brasil institucionalizaram-se "rápida" e "naturalmente", que a maior parte dos estudos sobre a mulher apresente dificuldade em se reconhecer como feminista, que os modelos teóricos vindos de fora, articulados em função de uma noção contrastada de diferença e alteridade, estejam se revelando literalmente "ideias fora do lugar" e que, finalmente, a própria imprecisão que estes estudos vem demonstrando seja um dos caminhos possíveis para o questionamento da estrutura das relações de poder no Brasil e para a formulação de uma estética e de uma política cultural democráticas em nossos países.

CADERNOS ULTRAMARES

www.ingramcontent.com/pod-product-compliance
Lightning Source LLC
Chambersburg PA
CBHW040744120726
48006CB00027B/2204